AF564080

DE L'AVTORITE' DES ROYS

PREMIER DISCOVRS.

DEDIE'

Au tres-Chrestien ROY DE FRANCE & de Nauarre LOVIS XIII.

A PARIS,

Chez TOVSSAINCT DV BRAY, ruë S. Iacques aux Espics-meurs.

M. DC. XXXI.

AV ROY.

IRE,

Ce qu'on a dit autresfois est bien veritable, qu'il n'est rien de si puissant entre les hommes que l'opinion. Ceste Reyne domine sur nos volontez auec vn empire si absolu, qu'elle nous faict entreprendre tout ce qu'elle nous faict croire iuste; principalement quand elle agist auec quelque authorité de Religion. L'experience s'en void en la pluspart de toutes les affaires humaines, mais sur tout en ce respect, & en ceste affection que nous portons à nos Roys, lors qu'ils sont encores dans les infirmitez du berceau. C'est vne chose vrayement émerueillable, de voir dans les Royaumes hereditaires, que tant de Communautez obeïssent volontairement à des creatures qui n'ont encore aucun vsage de la raison, aucune cognoissance de quoy que ce soit. Quelle pourroit estre la cause de ceste reuerence, & de cet amour, sinon vne certaine impreßion que nous auons que leur puissance est inuiolable, & qu'ils sont les viues images de Dieu? SIRE, il ne suffist pas que les Princes soient autorisez du Ciel; il faut que leurs subjects le croyent, à fin qu'ils les aiment, & les reuerent comme si Dieu leur commandoit en personne, & n'estoit pas moins present aux hommes qu'il l'est aux Anges. Cela estant, comment ceste verité peut-elle estre fermement creuë, sans estre clairement prouuée? & par quel moyen clairement prouuée que par le rapport des raisons, & des tesmoignages qui conuainquent ceux qui la voudroient impugner? Vos subjects cognoistront par la lecture de cet œuure, en quoy consiste leur deuoir, & iusques où s'estend le pouuoir des Souuerains. Ceux qui le sçauent y demeureront confirmez; ceux qui l'ignorent en seront instruits. Ils apprendront a porter honneur aux Roys comme à Dieu, & à obeïr aux ministres des Roys, comme aux Roys mesmes. Les ar-

mes ſouſtiennent la cauſe des Princes, mais les liures de la bonne trempe, en font cognoiſtre l'equité, & tournent les affections publiques, du coſté meſme qu'ils font paroiſtre la Juſtice. Les liures ont non ſeulement ceſte puiſſance de ramener quelquesfois à la raiſon ceux que la force a peine de ranger aux loix du deuoir: Ils ont encore deux grands auantages par deſſus les remonſtrances de viue voix. Le premier, qu'en ſe multipliant iuſques à l'infinité par le moyen de l'Impreſſion, ils perſuadent des nations entieres en ſe communiquant par tout: L'autre, que retenants en des carracteres permanents l'image des conceptions de l'Autheur, les plus mal-heureuſes memoires y peuuent auoir vn recours perpetuel. L'antiquité a feint que Mercure, qui portoit les commandements des Dieux, eſtoit éloquent, pour monſtrer que Dieu faict eſtat de la perſuaſion. Auſſi eſt-ce vn moyen qu'il eſſaye touſiours auant que de venir à l'extremité des derniers remedes. La ſeule force peut faire craindre les Roys comme des Lyons; mais l'opinion qu'on a que leur puiſſance eſt legitime, les faict honorer comme des Deïtez viuantes. D'elle dependent la ſeureté de leurs vies, & l'affermiſſement de leurs Couronnes.

C'est pourquoy ceux qui veulent troubler le repos d'vne Monarchie, font tousiours prendre vne mauuaise creance du gouuernement aux peuples auparauant que de leur faire prendre les armes. Car que sont proprement les reuoltes, que des effects de l'oubly du deuoir à quoy les subjects sont obligez? Ce sont des fureurs où les hommes n'entrent iamais que par l'imagination qu'on leur donne que leurs Princes prennent plus d'autorité qu'ils ne doiuent. C'est ce qui faict fauoriser les armes de ceux qui dissipent les Estats soubs pretexte de les reformer, & reduisent les peuples soubs vne iniuste tyrannie, en leur proposant vne specieuse apparence de liberté. C'est la cause de tant de sanglantes batailles qui se sont données dans vostre Royaume; de tant de seditions qui s'y sont faictes; bref, de tous les actes tragiques & barbares, par le sacrilege desquels les personnes, & la puissance des Roys vos predecesseurs ont tant de fois esté violées. Les peuples vont comme de plein pied de la mauuaise impression du gouuernement aux mauuais comportements; de sorte, que pour rendre au Prince vne parfaicte obeïssance, il faut auoir vne parfaicte cognoissance de ce qu'on luy doibt. C'est, Sire, *ce que i'ay entrepris de faire voir par cet œuure qui traicte de l'Autorité des Roys. Plusieurs grandes & importantes considerations m'ont enhardy à ceste entreprise. Dieu premierement, qui de la cause des Monarques en fait sō propre interest. Tellement qu'auecques raison ie puis dire ce que dit Senecque quand il prouue la Prouidence Diuine;* Ie n'auray pas beaucoup de peine à traicter ceste matiere : Ie deffends la cause des Dieux. *Quel courage, quelque lasche qu'il fust, ne s'enhardiroit, s'il se sentoit appuyé de ce bras puissant & redoutable, qui soustient & qui renuerse les Empires? En suitte de ce premier aduantage, i'ay pour moy l'autorité des Prophetes, celle des Apostres, des Conciles, de tous les anciens Peres de l'Eglise, le consentement quasi general des Legislateurs, des Philosophes, des Poëtes, des Orateurs, des Iurisconsultes; l'vsage de toutes les nations du monde, & de tous les siecles. La condition du temps est vne des plus fortes raisons qui m'ont excité de mettre la main à la plume. Car si iamais il fut besoin d'écrire sur ce subiect, il faut auoüer que c'est maintenant. Autresfois l'impieté retenuë par quelque sorte de crainte, n'osoit murmurer que secrettement; mais elle a maintenant leué le masque; de maniere que ceux qui sont naturellement vos subjects, semblent vouloir faire gloire d'estre ouuertement vos ennemis, & projecter de former vn Estat dans vostre Estat; comme s'ils ne se souuenoient plus de ce que vostre Majesté a faict pour le salut de son Royaume, & de ce que peut vne iuste cause deffenduë par vn Roy non moins Iuste que puissant. Doncques, la licence estant si grande qu'on décrie le gouuernement Royal, quel autre moyen reste-t'il pour guarir les esprits preuenus de ceste erreur, que de monstrer que la Monarchie est vn ordre estably de la Nature, c'est à dire de Dieu, & leur representer les incommoditez des Estats Aristocratiques & Populaires? Puisque la passion de l'interest particulier emporte les hommes du costé qu'ils s'imaginent treuuer leur aduantage, ie ne pense point qu'on puisse apporter vn remede plus salutaire à ceste maladie d'esprit, que de leur faire cognoistre par raisons tirées de l'experience, que la condition des subjects a tousiours empiré par les guerres ciuiles, & que les reuoltes sont ordinairement fatalles à leurs autheurs. Pour cet effect, i'ay recherché dans les plus dignes Histoires, les exemples les plus memorables. Les hommes ne font mal que faute de foy, c'est à dire, pour ne croire pas ce qu'ils doiuent croire; Car qui voudroit se reuolter, s'il croyoit que sa desobeïssance deust estre la cause infaillible de sa ruine? Il faut faire haïr les rebellions aux peuples, en leur representant deuant les yeux les calamitez qu'elles produisent. Il y a vne autre secte de gens qui confessent bien que Dieu est autheur des Monarchies, mais ils nient que la puissance des Rois soit absoluë. Ie refuteray ceste erreur au second Discours, & monstreray par textes exprés des Sainctes Escritures, que Dieu seul est Iuge des Rois, comme les Rois sont Iuges des hommes. Il seroit à desirer que les mauuais Princes ne cognussent point ce qu'ils peuuent, afin qu'ils ne fissent iamais que ce qu'ils doiuent. Au moins la creance qu'ils auroient de leur foiblesse, seroit comme vn frein qui les retiendroit dans la modestie; mais il n'y a point de peril que les bons Rois, comme vostre Majesté, sçachent iusques où s'estendent les droicts des Monarques; Ils sçauent qu'il leur est d'autant moins permis de faillir, que toutes choses leur sont permises; La mesme obeïssance qu'on leur rend, ils la rendent à la raison; & le mal que leurs subjets s'abstiennent de faire pour la crainte qu'ils ont de la peine, eux sont empeschez de le commettre, par l'amour qu'ils portent à la Vertu. La pluspart des Princes ne sont sages qu'apres vne lon-*

gue experience ; mais vostre Majesté a sceu naturellement tout ce qui est necessaire à bien regner, & semble que la nature vous ait produict comme ces Dieux que l'antiquité ne faisoit paroistre sur le Theatre qu'en l'âge viril. Outre les considerations generales qui m'ont incité à ce dessein, ie m'y suis encores senty obligé par les tesmoignages qu'il vous a pleu me donner de vostre affection & par le soing que vous auez de proteger ceux qui ont soing de vous seruir. Et puis, quel Arbitre plus fauorable peuuent trouuer les actions vertueuses qu'vn Prince tout vertueux ? Ie suis

De vostre Majesté,

Le tres-humble, & tres-fidelle
subjet & seruiteur,
COVLOMBY.

DE L'AVTORITÉ DES ROYS.

PREMIER DISCOVRS.

SOMMAIRE.

1. *Que toutes les formes de gouuernement se reduisent sous trois especes.*
2. *Que la Monarchie est la plus digne de toutes.*
3. *Qu'elle est la plus naturelle.*
4. *Qu'elle est la plus iuste.*

1. TOVTES les nations du monde sont gouuernées, ou par vn Souuerain, ou par tout le Peuple[1], ou par quelques Principaux. Quand vn Souuerain cõmande, comme en France[2], en Espagne[3], en Angleterre[4], c'est Monarchie. Quand le peuple a l'autorité[5], c'est Democratie. Quand les Principaux domi-

1 *Tacit. lib. 3. Annal.*
2 *Greg. Tur. Gaguin. Mõstr. Matth. Paris. Serran. Bernar. Girard. in hist. Gall.*
3 *Marian. in hist. Hisp.*
4 *Canden. in hist. Angl. Thom. Mor. lib. 1. de Repub.*
5 *Liuius Dec. 1. lib. 2. 3. 4. 5. 6. &c. Flor. Dion. Halicar.*

minent, comme en la Seigneurie de Venise[6], c'est Aristocratie, bien que ce soit parler improprement. Toutes les autres formes d'Estat sont imaginaires, & se peuuēt plustost loüer[7] que rencontrer. Elles se voyent aussi rarement que ces parfaictes complexions, qu'on feint estre composées d'vne egalle proportion des principes de la vie. Et quand mesmes ces trois puissances seroient egallement temperées, il est impossible que leur concorde durast long temps[8]. La raison est, que ceux qui sont égaux en pouuoir, sont rarement égaux en affections.

6 *Bembus in hist. Venet. Contar. & Ieianot. in Repub.*

7 *Tacit. lib. 3. Annal.*

8 *Tacit. ibid.*

2. De ces especes de domination, la Monarchie est la plus digne[9], la plus naturelle, la plus iuste, & la plus commode. Elle est la plus digne, parce qu'elle approche plus du gouuernement de Dieu. Les marques de la Prouidence Diuine sont si visibles, que celuy qui la nieroit, tesmoigneroit estre non seulement hors du sens, mais estre sans sentiment. Il seroit dementy par sa propre conscience, & conuaincu par le tesmoignage de tout ce qui se void au monde. Et bien que les marques de ceste puissance reluisent de quelque part

9 *Plat. lib. 1. de Repub. Arist. lib. 2. Polit.*

qu'on iette les yeux ; elles sont neantmoins plus eminentes en certaines choses qu'aux autres parties de l'Vniuers. La Mer, qui est vn corps fluide, agité par tant de vents impetueux, a sa pente de tous costez vers la terre, & ne la submerge point. La Terre, qui est vn corps pesant & massif, est suspenduë au milieu de l'air, & ne tombe point. Sont-ce des miracles qu'on puisse voir sans s'imaginer que le respect d'vne loy inuiolable, qui ne peut auoir esté faicte que par vn Dieu, empesche la Mer de noyer la Terre, & la Terre de tomber ? Ces Astres dont le mouuement est si reglé [10], nous monstrent qu'ils ne sont point poussez par la Fortune, mais conduits par vne Prouidẽce Diuine. C'est vne maxime certaine que rien ne peut estre durable & fortuit. Ce qui se meut par hazard, n'est point meu par ordre. Il est subiect à vne infinité de rencontres inegalles qui le troublent [11], & qui l'embarrassent. C'est ce qui a faict confesser vne Prouidẽce Diuine, aux Philosophes [12], aux Poetes [13], aux Orateurs [14]. La Fortune ne sera point seulement excluë du gouuernemẽt du monde : I'en reietteray mesme la plu-

10 Senec. lib. de Prouid.
11 Senec. ibid.
12 Merc. Trismeg in Pimãd. cap. 2. 3. 4. 5. 6. 9. 10. 11. 13. & in Asclep. cap. 1. 6. 7. 11. Pythagor. apud Cic. Plut. Clemens Alexand. Cyrill. Philo Iud. Iamblichus de sect. Pythag. Simplicius in Princip. Phys. Pherecydes Syrius Pythagoræ Preceptor apud Aristot. 14. Metaph. cap. 4. Parmenides, Melissus, Xenophanes Colophonius, apud Aristotel. lib. de Mund. & 1. Phys. Thales, Anaxagor. Timæus Locrensis, Acmon, Euclides, Archenetus, apud Simplic. lib. Physic. Zenon apud Aristot. Socrates apud Gell. Plato epist. 13. ad Dionys. in Tim. 10. de Rep. lib. de legi. & in Epinom. Diog. Laert. in vit. Plat. Iamblichus lib. de sect. Pythago. & Myster. cap. 1. 3. 5. 12. 16. 17. 39 Proclus in Theolog. Plat. & lib. de Anima & Dæmon. cap 32. 42. 53.

ralité des Dieux, pour monstrer que c'est vne pure Monarchie, sur l'exemple de laquelle les vrais Empires ont esté fondez. Car comme cet Esprit qui pouruoit generalement à la conduitte de l'Vniuers, ne peut estre autre qu'vn Dieu infiniment sage, & infiniment puissant : Il s'infere de là necessairement qu'il est vnique[15], d'autant qu'il est impossible qu'il y ait deux infinis. Et par consequent on ne peut nier que la Monarchie humaine ne soit d'autant plus excellente & plus digne qu'elle tient plus de la Monarchie Diuine.

3. Qu'elle ne soit plus naturelle que les autres formes de Republiques, la preuue en est éuidente en l'ordre de toutes choses. Depuis les plus basses iusques aux plus hautes, on remarque des degrez d'obeïssance & de superiorité. Dieu commande aux Anges, les Anges aux hommes, les hommes aux animaux, entre les animaux, certaines especes sur d'autres especes, comme les Aigles aux Oiseaux, les Lyons aux bestes : & derechef entre les Aigles & les Lyons ceux qui sont les plus puissants. Dauantage, nous voyons encore que les animaux les plus inge-

Simplicius super Epictetum Arrian. Porphyr. lib. de Abstinent.
13 *Phocylid. Homer. Hesiod. Sophocl. apud Cyrill. contr. Iulian. Apostat. Euripid. Aratus. Ouid. Metamorph. 1. Virgil. Georgic. 4. Scæuola citatus à D. August. lib. 3. cap. 27. de Ciuit. Dei. Iamblic. de Ægyptior. Myster. cap. 37. & 39.*
14 *Cicero 2. de legib. Tertull. in Apologet. Lactant. lib. 1. cap. 1. Iustin. in Apologia.*
15 *Plotin. Ennead. lib 6. cap. 4. Theophrast. in Metaph. & lib. de Saporib. Alexander Aprodis. lib. de Prouid. ad Antonin. & Cyrill. contra Iulian. Apost. Epictetus apud Arrian. Senec. passim. Cicer. de Natur. Deor. Plutarch. de Isid. & Osir. Varro citatus à D. August. lib. 4. de Ciuit Dei. cap. 9. & 11. & lib 7. cap. 5. 9. 23.*

nieux, & les plus sociables ont quelque forme de Monarchie. Les membres du corps humain ne sont conduicts que par vn Chef. Les puissances de l'ame ne sont regies que par vn seul entendement, qui comme Prince absolu commande à nos passions. Le respect de son empire n'est pas si tost violé par les appetits dereglez, qu'ils excitent incontinët dans nos ames, des seditions & des tumultes [16] qui troublent toute nostre felicité. Que s'il est vray qu'il y ait vn parfaict rapport entre le tout & ses parties, nous deuons croire qu'il est aussi naturel aux Estats d'auoir des Rois, qu'aux familles dont les Estats sont composez, d'auoir des Chefs. Pour ceste raison Platon [17], & Aristote [18], ont dit que les Monarchies n'estoient pas moins anciennes que les familles; & que les familles estoient de petits Royaumes: car le plus ny le moins, dient les Philosophes, ne changent point les especes. Les Nains ne sont pas moins hommes que les Geans. Or d'autant que le monde est vn commerce de toutes choses, & que la societé humaine ne subsiste que par la diuersité des arts, & des conditions, cela fist dire

16 Arist. lib. 1. Ethic.

17 Lib. 1. de Repub.

18 Lib. 1. Politic.

à ces deux grands Genies, que tous les hommes n'estoient pas faicts de mesme matiere : qu'entre leurs natures, il y en auoit de plus nobles & de plus excellentes que les autres ; que les vnes ont esté produites pour obeïr, les autres pour commander[19]. Et certes, il y a beaucoup d'apparence que cela soit. Car si tous les hommes fussent naturellement nais libres, comme quelques-vns l'ont creu[20], la loy diuine n'eust pas approuué la loy des Esclaues. Les loix de Dieu ne destruisent point celles de Nature. Conformément à ceste opinion, les Histoires nous tesmoignent[21] que dés le commencement du monde les hommes vescurent soubs des Monarchies, & que les peuples n'eurent autres loix que les volontez de leurs Princes[22]. Il n'est ville[23], nation, armée, communauté, qui puissent subsister sans Chef. La Republique Chrestienne a mesme besoin d'vne Autorité visible qui decide souuerainement les contentions de la Foy, & soit comme le centre & l'origine de la cõmunion de toutes les societez Chrestiẽnes. C'est pourquoy les Peres de l'Eglise ont si vaillammẽt combattu pour

19 *Arist. lib. 2. Polit.*

20 *Theoph. in Instit. tit. de ser. & liber.*

21 *Trog. Pomp. in Epit. Iustin. lib. 1.*

22 *Cic. lib. 3. de Legib. Sallust. Catil.*

23 *Cicer. ibid.*

la querelle de l'Vnité, contre ceux qui la vouloient diuiser. C'est pour cela qu'ils ont desnié le nom de Catholiques à ceux qui tenoient la Foy de l'Eglise Rommaine, & qui ne demeuroient pas dedans sa communion[24]. Au reste, ceste doctrine estoit creuë, non comme simplement vtile à salut, mais comme vn article de Foy necessaire[25]. Les vrais seruiteurs de Roy ne se doiuent definir, que par l'adherence qu'ils ont auecques le Prince, & les Ministres de son Estat. Là où est le Prince, là seulement, & non ailleurs, est la Republique. Les Ordres de Religieux qui se passent de tous les honneurs du monde, ne se peuuent passer de Superieur. Il faut qu'ils se soubmettent à vne certaine puissance absoluë, dont les decrets leur soiét sacrosaincts & inuiolables. Au mariage mesme, qui n'est qu'vne societé de deux personnes inseparablement vnies par vne conionction legitime[26], les loix, & diuines[27], & humaines, ont donné l'autorité entiere au mary, comme au Roy de la famille. La diuision est par tout où est l'égalité. Iamais party ne fist grand progrez sans auoir vn chef absolu. C'est ce qui rui-

24 *August. Collat. Carth. lib. 3. Epist. 48. In Ioan. tract. 6. Psal. 57. de Pastor. cap. 13. Optat. Milenit. contr. Parm. lib. 1.*

25 *Cypr. de vnit. Eccles. August. de bapt. contr. Donat. lib. 1. cap. 8. lib. 2. cap. 6. Epist. 204. Psal. 88. contr. aduers. leg. & Prophet. lib. 1. cap. 17. lib. de Past. cap. 12. Iren. contra heres. lib. 4. cap. 62. Idem apud Eusebium hist. Ecclesiast. lib. 6. cap. 5. Chrysost. in Epist. ad Eph. homil. 11. Fulgent. de remiss. peccat. cap. 22. de fid. ad Petrum Dia. cap. 39.*

26 *Institut. de nupt.*

27 *Genes. cap. 2.*

na la factiõ des Ducs de Berry, de Bourgõgne & de Bretagne, quãd ils s'esleuerẽt cõtre le Roy Louis XI. Iamais il ne leur fut possible de s'accorder parfaictemẽt. Toutes puissãces égales sõt subiettes à se choquer. Il est plus facile que le moindre obeïsse au Superieur, que plusieurs personnes dont le pouuoir est pareil, puissent viure en bonne cõcorde. La Souueraineté du Prince est le vray lien par lequel ceux qui viuent soubs vne mesme domination, sont attachez à mesmes interests. C'est l'esprit vital[28] qui se distribuë par toutes les parties du corps politique. C'est elle qui faict que chacun se rend obeïssant par sa propre crainte[29]. Retranchez la puissance absoluë du Prince, vous ostez l'ordre[30]; si vous ruinez l'ordre, vous ruinez la societé. Il paroist encore que le gouuernement Monarchique est le plus naturel, parce qu'il est le plus commun. Qu'on excepte quelques petits Estats[31], qui sont peu considerables à comparaison du grand nombre des Monarchies; il se trouuera que tout le reste de la terre est soubs l'obeïssance des Roys. L'Asie, l'Afrique, l'Amerique ne recognoissent autre forme

28 *Senec. 1. de Clem.*

29 *Liuius lib. 6.*

30 *Sopho.*

31 Gen. Geneu. Rhag. Luqu. Nuremb. &c.

forme d'Estat que la Royauté. Les Princes n'y sont point reuerez comme plus puissants que les autres hommes ; ils y sont adorez comme des Dieux. Bref, les peuples qui ignorent tout, n'ignorent point combien le Gouuernement Royal est necessaire pour les rendre heureux. Puis que donc les nations les plus polies, les nations les plus barbares, y sont generalement portées, deuons-nous pas croire qu'elles y sont naturellement enclines?

4. La Monarchie n'est pas seulemẽt plus digne & plus naturelle, que les Estats Aristocratiques & Populaires, elle a cet adũtage d'estre plus iuste, & de tirer son origine de l'expresse parolle de Dieu. L'vne des choses du mõde la plus vtile à sçauoir, mais ordinairement la plus ignorée, est ce qui concerne la vraye & legitime institution de la puissance des Rois. La commune creance est tellement esloignée de l'opinion qu'il en faut auoir, que la pluspart des hommes s'imagine que le droict des Rois est tout en la force : & comme disoit ce Rommain,[32] *ne pretendre qu'à garder le sien, sent la modestie des hommes de condition priuée ; cõbattre pour*

32 *Tacit. lib. 14. Annal.*

auoir celuy d'autruy, eſt vne ambition digne d'vn Roy. De ſorte que les ſubiects croyans obeyr non à des Princes legitimes, mais à des iniuſtes vſurpateurs, ne portēt à leurs Roys, ny l'affection, ny le reſpect qu'ils leur doiuēt. Or ainſi que les eſtrangers, qu'on meſpriſeroit comme ſimples particuliers incogneuz, reçoiuēt des honneurs extraordinaires, quād on ſçait qu'ils ſont Ambaſſadeurs de quelque grād Prince; I'eſpere de meſme que ceux qui ne ſçauent pas reuerer les Rois, parce qu'ils ignorent le fondemēt de la dignité Royalle, leur porteront le reſpect à quoy ils ſont obligez, quand ie leur auray faict cognoiſtre que les Princes Souuerains ſont les viues images de Dieu, & qu'ils repreſentent en terre la perſonne du Roy des Roys, & du Seigneur des Seigneurs. Vne des plus grandes obligations que nous auons à Dieu, eſt de nous auoir ſi clairement declaré ſa volonté ſur ce que nous deuons à nos Princes, qu'en toute l'Eſcripture Saincte, où il en eſt parlé, les ennemis de l'autorité ſouueraine n'y trouuent rien qui ne condamne les rebellions. L'eſtat des choſes humaines euſt beaucoup paty, si ceste loy qui est si claire, estoit si obscure, qu'ils pussent trouuer quelque fauorable retraicte dans son ambiguité. Pour venir donc à exaggerer plus amplement l'origine des Monarchies; Ie soustiens, qu'encor que les peuples s'y soient soubmis naturellement, comme ie l'ay prouué, ils ne sont point neantmoins autheurs des Royaumes, mais Dieu seul, qui leur donna ceste inclination, au mesme temps qu'il leur donna l'estre. La premiere cause du mouuemẽt des Machines n'est ny aux outils, ny aux mains qui les ont faictes; elle est en l'esprit, & en l'intention de l'ingenieux. Ie ne dy point cecy de mon propre sens, c'est l'esprit de Dieu qui le declare: c'est sa voix qui crie, *Qu'il establit les Monarques*[33] *; que la terre & ce qu'elle contient sont à luy; qu'il pouruoit au gouuernement du monde; qu'il met l'espée en la main des Roys, afin qu'ils maintiennent leur autorité; que c'est luy qui destruit les Princes; qui met leurs puissances en proye; qui leur oste les Sceptres, & les Couronnes; qui ordonne souuerainement de la police des Estats; que la faueur des hommes n'esleue point les Monarques sur les thrones;*

[33] *Daniel.* 2. & 4. 1. *Chron.* 29. *Psal.* 24. & 28. *Deuteron.* 17. *Ecclesiast.* 10. & 17. 1. *Samuel.* 8. *Exod.* 4. 7. 16. 17. *Numer.* 12. *Prou.* 8. & 24. *Iosu.* 1. *Ioann.* 10.

que leur puissance vient de luy ; que leurs personnes sont sacrées ; que leur pouuoir est inuiolable : qu'ils sont vrayement ses Oincts ; & qu'il repute faictes comme à soy-mesme les iniures qui leur sont faictes. Il releue leur dignité iusques à vn si hault degré d'honneur, qu'il leur communique son propre tiltre, par vne speciale faueur. *C'est moy* (dict-il) *qui declare que vous estes Dieux ; que vous estes enfans du Tout-puissant.* Et derechef, le mesme Esprit parlant par la
34 *Ad Coloss. 1. ad Rom. 12. & 13. Sancti Petr. 2.* bouche des Apostres[34], prononce *que les Dominations de la terre viennent du Ciel ; que quiconque resiste aux Puissances, resiste à la volonté de Dieu : qu'il faut obeïr aux Princes comme à Dieu, combien qu'ils fussent fascheux ; et aux Magistrats inferieurs, comme aux Princes mesmes ; qu'il ne les faut point tant respecter pour crainte de les fascher, que de peur d'offenser Dieu.* Au reste, le commandement est general ; il ne faict point de difference de l'obeïssance qu'on doibt aux bons, d'auec celle qu'on doibt aux meschans. La mesme main qui donna le Sceptre aux Constantins, & aux Theodoses, le donna pareillement à Iulien l'Apostat. L'autorité Royalle est d'in-

ſtitution Diuine, & de meſme datte que le monde. La loy en auoit eſté grauée dans nos cœurs. Les hommes eſtoient premierement portez de leur propre inclination à reuerer les puiſſances ſoubs leſquelles ils eſtoient nez ; les fils rendoiēt naturellement honneur à leurs peres ; les ieunes à leurs aiſnez ; les ſeruiteurs à leurs maiſtres. Depuis cela, comme ce bon naturel eut degeneré, & que l'orgueil, & les autres peſtes de la terre eurent infecté le genre humain, les liens de la concorde publique furent rompuz par les paſſions des intereſts particuliers. De ſorte que quand l'homme eut oublié ſon deuoir, Dieu pour l'en faire reſſouuenir, luy donna le commandemēt d'honorer les Rois ſoubs le nom de Peres : & parce que ſon zele eſtoit du tout refroidy dans les cœurs humains, il les excita par des promeſſes de recompenſes temporelles, à l'obeïſſance à laquelle ils eſtoient auparauant naturellement portez. Le premier commandement de la ſeconde Table, comprend generalement le deuoir des enfans enuers leurs peres, celuy des ſubiets enuers leurs Princes, des moindres enuers leurs ſuperieurs. Le nom de pere de famille appartient au chef de la maison, le nom de pere de la patrie appartient au Prince. Ceste qualité est si haute & si releuée, qu'entre les Empereurs Rommains, les vns l'ont prise par honneur, les autres l'ont refusée par modestie.

Tout ainsi donc que le mot de Freres ne signifie pas tousiours ceux qui sont nez de mesmes parens, mais se prend diuersement : tantost pour les cousins germains [35], tantost pour ceux qui sont de mesme creance : comme quand S. Paul escrit aux freres de Corinthe, d'Ephese, de Romme, tantost pour ceux qui sont en pareille dignité, quoy que differents en pouuoir : comme quand les Euesques escriuoient autresfois aux Papes en qualité de leurs freres [36] (mais sans preiudicier à l'autorité du Souuerain Pontificat :) quelquesfois le mot de freres s'entend de ceux qui sont d'vne mesme nation [37], comme quand Dieu commanda de prendre vn Roy d'entre les freres, c'est à dire d'entre les compatriotes : ainsi le nom de peres en cet endroict, estend sa signification à toutes sortes de superieurs. Les com-

35 *Vide Baron. in Apparat. Annal. Eccles.*

36 *Erasm. Annotat. in Epist. Cypri. ad Cornel.*

37 *Deuteron. 17.*

mandements de la premiere Table, prescriuoient comme il faloit seruir & adorer Dieu : ceux de la seconde, comme il faloit viure auecques les hommes. La Diuinité se voulut seruir d'vn nom de douceur, pour nous obliger à reuerer nos Princes, comme si nous estions leurs enfans, & pour conuier nos Princes à nous traicter, comme s'ils estoient nos peres. L'escriture mesme faict bien cet honneur aux subiets de les appeller freres des Rois, non pour égaller les peuples à leurs Souuerains ; mais à mon aduis, pour inuiter les Souuerains à gouuerner humainemẽt leurs subiects[38]. Comme la nature a ceste propriété de changer en laict le sang maternel qu'elle destine à la nourriture des enfans[39], de peur qu'ils n'ayent horreur de leur aliment : Ainsi Dieu voulut adoucir par vn nom commun & familier, ce qu'il y auoit de formidable aux tiltres extraordinaires & imperieux, afin que les hõmes aimassent le gouuernemẽt Royal, sous vne appellation ordinaire & naturelle. Depuis cela, il fist en l'establissement de Saül predecesseur de Dauid, non vne nouuelle loy en faueur de la Monarchie,

38 *Ibid.*

39 *Galen. de vs. part.*

mais vne plus ample declaratiō des droits & de l'origine des Roys. L'institution des Royaumes est verifiée par vn si grād nombre de passages de l'Escriture[40], que ie ferois tort à l'autorité de tant de tesmoignages Diuins, si ie la voulois dauantage fortifier de raisons humaines.

40 *Daniel.2. & 4. 1. Chron. 9. & 29. Psal. 24. & 28 Iosu. 1. Iob. 12. Ecclesiast. 10. & 17. Prouerb. 8. Exod. 4. & 16. 1. Sam. 8. Num. 12. ad Coloss. 1. ad Rom. 12. & 13. Ioann. 10.*

Outre la prerogatiue qu'a la Monarchie, d'estre plus digne, plus naturelle, & plus iuste que toutes les autres formes de gouuernement, elle a encor cet aduantage d'estre plus commode. Aussi la nature nous l'a-t'elle monstrée comme la plus propre à conseruer la societé humaine, pour laquelle nous sommes nais, & non pour nous-mesmes[41]. Ceste Mere commune des hommes est vne si bonne guide, que nous ne pouuons faillir en la suiuant[42]. Quant à l'Estat populaire, il est generalement blasmé[43], comme vn Chaos de dissensions, vne subuersion de tout ordre. Car s'il est certain que la felicité publique est vn effect de la distribution des peines, & des recompenses[44], quelle image de iustice peut-on voir dans vn Estat, où ceux qui sont les plus execrables sont les plus puissants? Quel traictement ont

41 *Cicer. de off. Arist. Polit.*

42 *Cicer. in Paradox.*

43 *Arist. in Polit. & pass. omnes qui de Rep. scripsere.*

44 *Plat. & Arist. in Polit.*

receu

receu les éminentes vertus dans les Republiques où les peuples ont eu la supréme puissance? La mort & l'exil [45] furent les recompenses ordinaires de ceux qui auoient bien merité du public. L'indignité du traictement que receurent de leur patrie, ce braue Coriolanus, Furius Camillus, Cimon, Alcibiades, Themistocles, Aristides, Socrate, Phocion, sont des preuues manifestes de l'ingratitude des peuples. En Athenes, pour autoriser le gouuernemēt Democratique, il falut declarer la guerre à la Vertu. Car on fist passer vn Edit en forme de loy fondamētalle, portant peine de bannissement contre celuy qui auroit la meilleure reputation. La forme de condamner, estoit que les opinants écriuoient sur vne coquille le nom de celuy qu'ils vouloient faire bannir. A ce propos Plutarque recite qu'vn iour vint à Athenes vn certain paysan qui haïssoit tellement Aristides à cause de sa bonne renommée, qu'il se resolut d'opiner à ce qu'il fust exilé. Ce rustique, qui ne sçauoit lire ny écrire, rencontra par fortune Aristides qu'il ne cognoissoit point, & le pria de vouloir écrire le nom d'Ari-

45 *Plutar. in Arist. & Diog. Laert. in vit. Philosoph. vbi de Socrat.*

ſtides ſur vne coquille qu'il luy preſenta. L'autre voyãt ceſte animoſité, luy demãda ſ'il auoit receu quelque offenſe d'Ariſtides; nenny, reſpõdit le Paiſan; qui plus eſt, ie ne le congnu iamais; mais il me faſche que tout le mõde le tienne pour hõme de bien. Ariſtides ayant ouy ces parolles, écriuit froidemẽt ſon nom ſur la coquille, & la luy rendit. Telle que fut l'humeur de ce barbare, telle fut celle de tout le peuple. Et de faict, la condamnation qui s'en enſuiuit, teſmoigna bien que la voix de ce particulier eſtoit la voix du public. Toutes les vertus éminẽtes, mais ſur tout les militaires, ſont ſuſpectes dans les Eſtats Democratiques. La Nobleſſe n'eſt fauoriſée que dans les Monarchies, & ne trouue ny gloire, ny recompenſe, qu'en l'eſtime & en la liberalité des Roys. Elle ne ſçauroit rencõtrer de plus iniuſtes arbitres de ſes ſeruices, que les eſprits de la cõmune. Quant aux Princes, ils ſont d'autãt plus en ombrage parmy ceux qui aſpirent à la Republique, que leur qualité eſt plus releuée, & que le ſentimẽt qu'ils ont de la grandeur de leur naiſſance, ne peut ſouffrir que la cõdition du gouuernemẽt populaire, les rende égaux, & quelquesfois mesmes inferieurs, à vn chetif Maire de ville, à vn Tribun factieux. Aussi seroit-ce bien s'abuser de croire autrement. Les Grands qui sortent de l'obeïssance, n'entreprennent de faire vn party, que pour rendre leurs conditions plus aduantageuses par vn traicté de paix, ou que pour estre Maistres de ceux dont ils prennent la protection. Le peuple d'autrepart a son dessein particulier. Il ne prend les armes soubs les Princes, que pour asseurer sa liberté. Quant à l'Aristocratie, le nom en est vrayement specieux, mais la forme ne s'en trouue plus. Il ne signifioit en son origine, que la domination des gens de bien; mais l'vsage qui donne les loix aux langues, l'employe sans aucune difference pour exprimer le gouuernement des Principaux, encores qu'ils fussent meschants. Tellement que de la corruption des mœurs, est venuë la corruption du nom. Ainsi celuy de Senat [46], qui signifioit proprement, vn Conseil de vieillards, se prend aussi pour vn Conseil de ieunes gens: & de la particuliere designation de la vieillesse, est passé

[46] Liu. Decad. 1. lib. 1.

en la ſignification generalle de l'autorité. Voila comme les noms ſont quelquesfois employez contre la fin pour laquelle ils ont eſté premierement impoſez. L'Ariſtocratie a ſes incommoditez comme l'Eſtat populaire. Il eſt bien plus aiſé d'auoir vn bon Prince, que d'en rencontrer pluſieurs. D'ailleurs, les puiſſances hereditaires & abſoluës ſont ordinairement plus douces que celles qui ne ſont pas perpetuelles : & ceux qui naiſſent dans l'autorité ſouueraine, ont communément moins d'inſolence, que ceux que la fortune y fait paruenir ; n'eſtant rien de ſi difficile, que de ſe comporter auec moderation en vne puiſſance qu'on ne croit pas poſſeder lõg temps. Le Prince qui eſpere laiſſer vn Royaume en ſa maiſon, eſt beaucoup plus retenu que celuy qui n'aſpire pas à ce but. C'eſt pourquoy, quand vn Roy de Sicile eut remis à ſes ſubiects pluſieurs impoſitions, dont les leuées auoient rendu ſes predeceſſeurs odieux, comme quelques-vns luy remonſtrerent qu'il retranchoit de beaucoup ſon autorité, *Ie la diminuë* (dict-il) *mais ie l'affermy*. Vne des plus grandes incommoditez de l'Ariſtocratie, eſt en l'eſlection des Magiſtrats : Comme il n'eſt rien de plus ordinaire aux hommes que la preſomptiõ, ainſi chacun s'eſtime digne de commãder, & croit qu'on ne peut preferer les autres à luy, ſans faire iniure à ſa vertu. Pour ceſte raiſon, les peuples obeïſſent bien plus volontiers au Prince à qui la Couronne appartient par le droict de la naiſſance, qu'à celuy qui y paruient par eſlection. Ie parleray bien plus hardiment : Car i'oſeray maintenir que toutes les formes de regir les peuples ſont contre nature, excepté la Monarchie. De là vient que les Eſtats tant Ariſtocratiques que Populaires, ſont ordinairement de peu de durée, & tumbent en vne infinité d'accidents, qui n'arriuent que rarement dans les Royaumes. On m'alleguera poſſible que la Seigneurie de Veniſe ſubſiſte depuis tãt de ſiecles. Mais c'eſt vne erreur que de s'imaginer qu'il y ait douze cens ans que cet Eſtat ſe maintient en ceſte forme. Il n'y en a gueres que quatre cens [47] qu'il eſt gouuerné par les Principaux. Il eſtoit auparauant tantoſt Populaire, tantoſt Monarchique. Et tout bien conſideré comme il faut, l'Ari-

47 *Bembus & Ieianot de Rep. Venet.*

ſtocratie ne l'a pas garanty de pluſieurs guerres ciuiles, du maſſacre de dix-huict Ducs, & d'vn grãd nombre de Senateurs. Il a eſté trauaillé des ſeditions Bochoniennes, Faleriennes, Tepoliennes, Bajamontaines, & des cruelles factions des Iuſtiniens, des Sqeuoles, des Celiens, & des Baſſiens.

Encores les Clariſſimes empruntent-ils quelque ombre de la Royauté, en ce que toutes les affaires importantes ſont authoriſées du nom de leur Duc[48]. Les Eſtats Ariſtocratiques & Populaires ſont quaſi touſiours en agitation, iuſques à ce qu'ils ſoient reduicts en forme de Monarchies. Les Rommains veſcurent à peine dix ans ſans guerre[49], ou ſans ſedition, deuant qu'Auguſte fuſt leur Souuerain. Ils ne purent auoir vne longue paix ſans auoir vn Maiſtre abſolu ; & ſentirent ſi viuement les miſeres de l'Anarchie, qu'ils furent contraints de ſe ranger ſous ſa domination[50], pour ſe mettre à l'abry des tempeſtes & des orages dont ils auoient eſté battus ſi long temps. Les Grands eſtoient perpetuellement en querelle ; les loix impunément violées ; les

48 *Gianot. Contar. de Rep. Venet.*

49 *Tit. Liu. Decad. 1. lib. 2. 3. 4. & ſequent.*

50 *Tacit. Annal. 1.*

Magiſtrats intimidez par la force, corrompus par les factions, & par l'argent[51]. De ſorte que l'Eſtat eut beſoin d'vn Prince, par l'autorité duquel les choſes fuſſent remiſes en meilleur ordre qu'elles n'eſtoient. Les grandes eſperances que l'on conceut du gouuernement d'Auguſte ne furent point vaines; ſon regne fut ſi long & ſi heureux, qu'il eſt allegué comme vne felicité ſans exemple. La diuiſion qui fut entre les Eſtats de la Grece pour la ialouſie du commandement, fiſt deſirer à toutes les Communautez d'auoir vn Prince pour coniurer les tourmẽtes qui les agitoient. Philippe, qui de la Macedone, ainſi que d'vne échauguette, épioit inceſſamment l'occaſion d'entreprendre ſur leur liberté, entretint ſi dextrement la diuiſion des Republiques du païs, en ſecourant les plus foibles contre les plus forts, qu'il contraignit les vaincus & les vainqueurs de ſe ſoubmettre à la domination d'vn Roy. L'eſtabliſſement de la Monarchie fiſt vn tel effect, qu'il rẽdit toute la Grece pacifique. Toutesfois & quantes que le peuple Rõmain eſtoit reduict à quelque grande extremité, fuſt

51 *Eutrop. hiſt. Rom. Dio Caſſ. Vell. Paterc. Tacit. 1. Annal.*

ou par les guerres, ou par les seditions, il n'auoit recours qu'à la creation d'vn Magistrat qui estoit pardessus les loix[52], comme si tout le mal de la Republique ne fust venu que de la pluralité de ceux qui la gouuernoient. Enuiron soubs le Consulat de Postumus Cominius, & de Titus Largius[53], vn mescontentement populaire, tout prest à se conuertir en vne sedition publique, trauailloit la ville de Rôme par le dedans : vne coniuration de trente Peuples liguez pour ruiner sa grandeur naissante la persecutoit par dehors. De quelque costé que les Rommains iettassent les yeux, ils ne voyoient que des subiects de frayeur. Tout ce qu'on put faire en vne si grande perplexité, fut de se resoudre à créer vn Dictateur. L'eslection ne fut pas si tost faicte, que le peuple se remit dans l'obeïssance[54], & que les ennemis poserent les armes, non pour traicter de la paix comme de party à party, mais pour demander pardon. Quelques années apres, les Rommains estans assaillis des mesmes nations, eurent recours au mesme remede. Les affaires succederent si heureusement pour eux, que le Dictateur

52 *Tit. Liu. Decad. 1. lib. 4.*

53 *Tit. Liu. Decad. 1. lib. 2.*

54 *Tit. Liu. Decad. 1. lib. 2.*

teur tailla en pieces vne partie des ennemis, mist l'autre en roûte, & triumpha pour la signalée victoire qu'il gagna contr'eux en la Iournée du Lac de Regille[55]. Soubs le Consulat de Virginius, & de Vetusius, la mutinerie que fist le peuple contre les Consuls, donna aux Volsques, aux Eques, & aux Sabins, l'audace d'entreprẽdre sur l'Estat Rommain. La dignité Consulaire estoit en vn tel mépris, qu'en ce peril éminent les Consuls ne purent faire aucune leuée de gens de guerre. Aussi tost qu'on eut faict vn Magistrat Souuerain, il mist sur pied dix Legions toutes cõplettes, qui fut la plus grande armée que les Rommains eussent euë auparauant. Les forces extraordinaires qu'on leua par le commandement du Dictateur, ne furent pas seulement capables de deffendre la Republique; elles suffirent aussi pour assister les Alliez. Les Eques furent rembarrez, les Volsques presque tous tuez, & les Sabins mis en roûte. Pour marque de ceste heureuse victoire, le Senat decerna le triomphe au Dictateur, & luy fist des honneurs qui passerent iusques à sa posterité. Ce Magistrat a quelquesfois tellemẽt

55 *Tit. Liu. ibid.*

effrayé les ennemis, qu'ils ont leué le siege aussi tost qu'ils ont eu nouuelle de sa creation[56]. Ie pourrois alleguer sur ce subiect, vne infinité d'autres exemples remarquables, n'estoit la crainte que i'ay d'exceder les bornes d'vn iuste discours. Ie me contenteray de dire que les plus estranges calamitez qui soient arriuées aux Peuples, ne sont ordinairement venuës que de la confusion des Estats Aristocratiques & Populaires; & que les plus dignes & plus glorieuses actions se sont faictes sous l'ordre du gouuernemẽt Monarchique. Il est mal-aisé de faire de grandes choses soubs le commandement de plusieurs; soit parce que les conseils qui doiuent estre secrets sont esventez, ou que les resolutions estants difficiles à prẽdre, ne se prennent plus à propos; ou que la puissance estant diuisée entre plusieurs personnes de pareille qualité, soit trop foible pour executer promptement, ce qui ne se peut differer sans peril. S'il faloit que le Pilotte ne pust tourner le gouuernail à sa discretion, le vaisseau seroit quelquesfois perdu deuant que les opinions fussent prises. Vn des grands aduantages

56 Tit. Liu. lib. 6. Decad. 1.

qu'eut Annibal contre les Rommains, fut que deux Consuls auoient le commandement des armes[57]. Amurat eut le mesme bon-heur en la Iournée de Nicopolis, & l'Empereur Charles V. en la guerre des Protestants. Vn petit Duc d'Vrbin auec vne poignée d'hommes, fist teste à vne puissante armée, conduicte par trois Capitaines en Chef qui ne tenoient rien les vns des autres, Rance, Vitelli, & Laurens de Medicis. Les Rommains n'ont pas seuls euité les inconuenients des Republiques par la creation des Souuerains Magistrats; les Grecs long temps deuant eux tascherent de remedier par ce moyen à la subuersion de leurs Estats. Apres que la Monarchie Françoise eut esté diuisée soubs plusieurs de nos Roys, principalement soubs Charles VII. [58] & Henry IV. les peuples estants gueris de leurs frenesies, ne treuuerent autre remede à leurs miseres, que de se reduire à l'obeïssance de leurs Princes legitimes; tant il y a plus de mal à seruir plusieurs Maistres, qu'à n'en auoir qu'vn; & plus de peril à cercher vn Prince, qu'à obeïr à celuy qui est treuué[59]. C'est pourquoy de tous les maux dont vn

57 *Tit. Liu. lib. 2. Decad. 3.*

58 *Hist. Gall.*

59 *Tacit. hist. lib. 1.*

Royaume peut estre affligé, le plus grand, & le plus à craindre, est la diminution de l'autorité du Souuerain. La felicité publique est tellement attachée à la conseruation de sa grandeur, qu'au mesme temps qu'il cesse d'estre absolu, ses subjects cessent d'estre heureux. Car quand la puissance souueraine, qui cõsiste au seul commandement du Prince [60], est si décheüe qu'elle ne peut plus contenir vn chacun en son deuoir, il faut necessairement que les foibles soient opprimez par les forts, & que comme en toutes émotions populaires, celuy qui a le plus d'insolence, ait le plus d'autorité. La coustume des meschants est de se faire craindre aussi tost qu'ils ne craignent plus. Tellement que du mespris de la Maiesté du Prince, procedent les guerres ciuiles, où se treuue le comble de toutes les miseres humaines. La condition du vainqueur y est si funeste, que plus ses victoires sont grandes, plus elles sont lamentables. C'est pourquoy, en l'Estat le plus parfaictement reglé, sur tout pour les recompenses, le Senat ne decernoit point le Triomphe aux victorieux des guerres ciuiles, n'esti-

60 *Tacit. lib. 1. Annal.*

mant pas raisonnable qu'ils tirassent vne matiere de ioye, de l'affliction publique, & que la plus mauuaise fortune où leur patrie pouuoit tumber, leur fist obtenir le plus grand honneur où la vertu pouuoit paruenir. Vn mauuais regne de cinquante ans soubs vn Roy bien obey, n'apporte point tant de malheurs, qu'vn iour de sedition sous des Maistres incertains. Iamais Prince, quelque cruel & detestable qu'il fust, ne s'est porté iusques à exterminer la plus grande partie de ses subjets, à faire vn degast general dans son Estat, à brusler & à saccager les villes & la campagne. La plus forte tyrãnie n'a point tant de mains pour destruire, que la moindre guerre ciuille. Cela s'est veu de tout temps, & en tous les Estats du monde. L'Italie ne fut iamais si miserable que durant les factions de Sylla, & de Marius; de Iules Cesar, & de Pompée; d'Auguste, & de ses Competiteurs; de Galba, & d'Othon; d'Othon, & de Vitellius. Quand Tacite parle des guerres d'entre ces deux derniers Empereurs, il dit; *que* [61] *l'Vniuers fut presque tout à faict bouleuersé, lors que les gens de bien se battoient pour la domination, et que la*

[61] Tacit. lib. 1. hist.

querelle de l'Empire estât à present entre deux des plus meschans hommes de la terre, à sçauoir Othon & Vitellius, le Peuple Rommain ne deuoit attendre autre chose du succez de leurs armes, sinon que celuy qui seroit en fin le plus puissant, seroit le plus detestable. Si les autheurs des troubles, auant que de s'engager dans les factions où ils se sont perdus, s'étoient representé les calamitez à quoy leurs reuoltes ont ouuert les portes, ils n'eussent iamais presté leurs mains à la ruine de leur patrie, & de leurs fortunes. L'Empereur Othon lassé des guerres ciuiles, pouuant encore disputer l'Empire contre Vitellius, prefera la resolution de se tuer, à l'esperance de l'euene-
61. Tacit. ibid. ment d'vne seconde bataille[61]. *I'estimerois trop ma vie,* dist-il aux Legionnaires, *si pour auoir de nouuelles preuues de vostre affection, ie souffrois qu'vne telle valeur que la vostre, recherchast de nouueaux perils. Mon dessein est entierement esloigné de la volonté de viure. Plus vous me monstrez d'esperance, plus ma mort sera glorieuse. Nous auons assez essayé nos forces l'vn contre l'autre, la Fortune & moy. Ne iugez pas moins fauorablement de mon regne, pour auoir*

esté de peu de durée. Il n'est rien de si difficile que d'vser comme l'on doibt, d'vne grandeur qu'on n'espere pas posseder si long temps cõme l'on veut. Vitellius a commencé la guerre ciuille ; la cause de la bataille que nous-nous sommes donnée est venuë de luy ; l'exemple de n'en donner pas vne seconde viendra de moy. Quand ie n'aurois faict que ceste action, la posterité estimera la memoire d'Othon. Que Vitellius ait sains & saufs ses freres, sa femme, ses enfans. Quant à mon interest particulier, ie n'ay besoing ny d'estre consolé, ny de me vanger. D'autres ont tenu l'Empire plus long temps que moy, mais aucun ne l'a si genereusement quitté. Aurois-je si peu de conscience, que de souffrir qu'à mon occasion l'Estat perdist tant de ieunesse Rommaine ? Que les champs fussent encores jonchez de tant de belles armées ? Asseurez-vous que ie mourray auec le mesme ressentiment de vostre amitié, que si vous vous fussiez perdus pour mon subject. Reseruez vostre valeur pour vne meilleure occasion. Je ne vous empesche point de pouruoir dés ceste heure mesme à la seureté de vos vies, ne m'empeschez point d'executer la resolution que i'ay prise de mourir. De *vous entretenir dauantage de ma mort, il y auroit quelque ſorte de laſcheté. La principalle preuue que vous remarquerez de mon courage, eſt que ie ne me plains de perſonne. D'accuſer les Dieux ou les hommes, c'eſt à faire à ceux qui veulent prolonger leur vie.* L'horreur des guerres ciuiles, fiſt haïr la vie à Othon comme vn ſupplice, & rechercher la mort comme vne conſolation. Quand Monſieur[93] Charles de France vit dans Eſtampes vne partie des bleſſez qui ſe ſauuerẽt de la bataille de Montlehery, touché du vray ſentiment d'vne bonne conſcience, il deteſta la maniere de reformer les deſordres de l'Eſtat par la voye des armes, *Il euſt mieux vallu*, diſt-il deuant le Comte de Charolois, *que les choſes n'euſſent iamais eſté commencées, que de voir à mon occaſion arriuer tant de maux à tant de perſonnes.* Meſſire Gaſpar de Colligny Admiral de France, aima mieux ſe faire tuer dans Paris, que de repaiſtre encor ſes yeux du ſpectacle des diſſenſiõs de la France. Long temps auparauant les troubles de la Religion, nos peres auoiẽt eſprouué les meſmes miſeres durant les guerres d'entre nos Roys, & les Roys d'Angle-

93 Philipp. Commin. hiſt. & geſt. Lud. XI.

d'Angleterre, & pendant les factions de la maison de Bourgongne[64] contre la France. L'Angleterre[65] eut aussi sa part de ces calamitez, lorsque les Princes des maisons d'York & de Lanclastre tournerent leurs armes les vns contre les autres pour se ruiner. L'histoire raconte qu'en peu de temps il y mourut prés de quatre vingts Princes du sang[66]. L'Italie ne fut pas plus heureuse durant les partialitez des Guelphes & des Gibelins. Comme la prosperité d'vn Estat vient de la paix; ainsi la paix vient de l'obeissance des peuples; & cõme Theopompe Roy de Lacedemone, dist sur ce subiect, la felicité publique ne procede pas tant de ce que les Roys commandent bien à leurs subiects[67], que de ce que les subiects obeissent bien à leurs Roys. Au contraire, qu'on voye les histoires saintes, ou prophanes; anciennes, ou modernes; il se treuuera qu'il n'est arriué que malheur aux particuliers, & aux Peuples qui se sont reuoltez cõtre leurs Souuerains. Les puissances qui n'ont point de iuste principe[68], n'ont point de prosperité durable. Tãt de mutatiõs arriuées aux plus celebres Estats du monde, nous

64 Hist. Gall.

65 Hist. Anglic.

66 Philipp. Commin.

67 Plutarch. in dict. Vir. Ill.

68 Curt. de gest. Alex. Mag.

tesmoignent que peu de subjets ont profité de la ruine de leurs Roys. Nous lisons bien, que Dieu chastia les Babyloniens par les peuples d'Assyrie[69], les Assyriens par les Medes, les Medes par les Perses, les Perses par les Grecs, les Grecs par les Rommains[70], les Rommains par les Gots & par les Gaullois; mais il est quasi sans exemple, que les subjets se soient mis en liberté, pour estre sortis de l'obeïssance. Tant s'en faut, leur condition en a tousiours empiré. C'est vn miracle quand on a la paix soubs vn Prince dont le droit est disputé; & faut biẽ faire de plus grãdes leuées de deniers pour maintenir l'inuasion d'vn iniuste vsurpateur, que pour conseruer l'autorité d'vn Roy legitime. Les Peuples n'ont ordinairemẽt plus grãd ennemy, que celuy mesmes en faueur duquel ils se reuoltẽt. Les Frãçois[71] l'esprouuerent à leur dommage en l'expulsion de Childeric. Gillo qu'ils appellerẽt en sa place, les gouuerna si cruellement, qu'ils furent cõtraints de le chasser. Childeric ne se seruit point tant de la force que de la prudẽce pour déthroner ce Tyran insupportable. Il laissa passer son regne comme vn

69 *Herod. Trog. Pomp. in Epit. Iustin.*

70 *Liuius.*

71 *Hist. Gall.*

orage ; & ne treuua meilleur moyen pour le ruiner, que de corrõpre le principal cõfident de Gillo, afin que par ses conseils, il portast son Maistre à toutes les violences qui pouuoient rendre sa personne & sa domination odieuses. De sorte que Gillo voulãt éprouuer iusques où sa puissance pourroit aller, qui est le plus perilleux essay qu'vn Roy puisse faire, experimẽta que cõme les François ne pouuoiẽt viure en vne pleine liberté, ils ne pouuoient endurer vne entiere seruitude. Alors tous les Ordres se rebellerent contre luy. Tellement que Childeric qui n'auoit esté regreté que par les meschãs, fut rappelé depuis par les gens de biẽ. Vne chose digne d'estre remarquée sur l'occurrence de ce tẽps là, est que les principaux autheurs de l'expulsion de Childeric, moururent tous comme criminels de leze Majesté, ou par la main de Gillo, ou par le commandemẽt de Clouis, fils & successeur de Childeric. Dieu a estably dans le genre humain vn certain ordre, en l'obseruation duquel consiste nostre principal deuoir. Quicõque enfraint ceste loy, ne demeure point impuny, soit qu'il attente à la personne

du Prince, soit qu'il entreprenne sur son autorité. Et bien que la Iustice Diuine semble quelquesfois nonchalante à chastier le crime d'infidelité, elle recompense tousiours le retardement de la punition par la rigueur de la peine, & donne les grandes craintes par les grands exemples. Toutesfois les chastiments qui sont publics, ne sont pas les plus cruels. Les remords interieurs qui naissent aussi tost que les crimes sont resolus, ie ne veux pas dire seulement executez, sont des supplices plus rigoureux, & plus longs que ceux qui paroissent aux yeux du public. Les peines finissent par où le vulgaire s'imagine qu'elles commen-
72 *Plutarch.* cent [72]. Les dernieres gouttes qui sortent des vases ne les vuident pas, mais ache-
73 *Senec.* uent de les vuider [73]. S'il est quelque iuste occasion de se reuolter, il semble que ce soit pour la cruauté des Princes. La Nature donne à tous les hommes le soin de conseruer leur vie, & leur apprend à s'armer contre les bestes cruelles, voire à les preuenir s'il est possible : Mais il n'en est pas ainsi des subiets à l'esgard des Souuerains. Nos biens, nos vies, nos enfants,

ne sont point à nous, comme ie le feray voir au second Discours. Il est mal pris à ceux qui ont cherché leur seureté dans les armes. Ioram Roy de Iuda commença le chef-d'œuure de son regne par le massacre de ses freres[74], & des plus grands Seigneurs du Royaume. Ses subjects de la Prouince d'Edom se reuolterent en haine de ceste cruauté; mais ils furent deffaicts auecques leurs Chefs. Leur Prouince fut perpetuellement en guerre contre les Roys de Iuda; dix mille d'entr'eux furẽt precipitez du haut d'vn rocher, & leur territoire reduict en desert pour marque d'eternelle malédiction. Le meurtre que Ioas[75] Roy de Iuda fist commettre en la personne de Zacarie, l'vn des premiers Seigneurs du pays, fut d'autant plus execrable, que l'honneur de Dieu y estoit interessé. Car Zacarie fut lapidé par le commandement de Ioas, parce qu'il le reprist de son Idolatrie. Ceste mort fut incontinent vangée par celle de Ioas, mais les coulpables n'en demeurerent pas long temps impunis. Amasias qui succeda à la Couronne, fist exterminer iusques au dernier. Ceux qui reçoiuent le plus de fruict

74 2. *Chronic.* 21. & 25.

75 2. *Chronic.* 24 2. *Reg.* 14.

des perfidies, ſont ceux meſmes qui les puniſſent plus cruellement. Alexandre le Grand[76] ne ſe contenta pas d'auoir faict executer quaſi tous ceux qui ſe trouuerent conuaincus d'auoir participé à la mort de Philippe ſon pere; il traicta de la meſme ſorte pluſieurs complices du parricide inhumainement commis en la perſonne de Darius, ſon capital ennemy. Auguſte immolla pour vne ſeule fois ſur le tombeau de ſon pere Iules Ceſar, iuſques à trois cents[77] Gentils-hommes ou Senateurs, qui auoient trempé en la coniuration de ſa mort. La Nature n'a iamais produict vn monſtre égal à Neron; neantmoins parce que le peuple Rommain ſe rebella contre luy, & que par vn ſacrilege ſans exemple, le Senat eut l'audace de luy faire ſon procez, contre toute ſorte de maximes & de loix, incontinent apres ſa mort, les Rommains furent affligez de tãt de miſeres, qu'il ſemble que les Dieux, auparauant protecteurs de leur Empire, n'auoient autre ſoin que de ſe vanger. Le regne des quatre Princes qui luy ſuccederent, fut plein de diuers éuenements[78], prodigieux en ſeditions; cruel meſmes en

76 *Curt. de geſt. Alex. Magn.*

77 *Eutrop. Sueton. in Auguſt.*

78 *Tacit. lib. 1. hiſt.*

la paix. Il y eut quatre Empereurs tuez en peu de temps ; trois guerres ciuiles ; encores plus d'estrangeres ; & souuent les vnes & les autres entremeslées : En suitte de cela, les affaires d'Occident allerent mal. La Sclauonie fut agitée de nouueaux troubles ; les Gaules furent quasi resoluës de se reuolter ; l'Angleterre aussi tost perduë que conquise ; la Sueue & la Pologne se soubsleuerent ; les peuples de la Dace acquirent grande reputation, par les pertes signalées que les Rommains firent contr'eux ; la Parthe fut presque toute en armes à cause de l'imposture d'vn faux Neron. Quant à l'Italie, elle fut affligée de calamitez non encore veuës, ou qui n'estoient arriuées depuis plusieurs siecles ; il y eut des villes fonduës ; il y en eut d'entierement abysmées. Le meilleur quartier de la campagne, & la ville de Romme furent cruellement rauagez du feu ; les plus anciens Temples destruicts par cet accident ; le Capitole bruslé par la propre main des Citoyens. Les ceremonies des Dieux furent polluës. Il y eut de signalez adulteres. Les Isles de la Mer estoient remplies de bannis ; les rochers tous ensanglantez de meurtres. Mais les cruautez qui s'exerçoient dedans Romme estoient plus grandes, sans comparaison, que toutes celles qui se pratiquoient dehors. L'ancienne extraction, les richesses, les grandes charges exercées ou mesprisées, les vertus extraordinaires estoient des crimes capitaux. Les recompenses des accusateurs n'estoient pas moins odieuses que leurs calomnies. Les vns emportoient comme des dépoüilles, les sacrificatures, & les Consulats: Les autres auoient par ceste inuention des intendances de Prouinces, & grande faueur dans le cabinet; manioient toutes choses à leur appetit. On corrompoit les esclaues pour trahir leurs Seigneurs; les Affranchis pour perdre leurs Protecteurs; & ceux qui n'auoient point d'ennemis estoient opprimez par leurs amis propres. Voila comme la ioye fut bannie d'entre les Rommains, & comme la felicité les quitta, si tost qu'ils eurent quitté leur deuoir. Les autres nations qui ont commis de semblables crimes, en ont esté chastiées par de semblables malheurs. Et bien que les exemples n'en ayent pas esté produicts

sur

ſur vn Theatre ſi éminent, on ne laiſſe pas toutesfois d'y recognoiſtre que les rebellions, ſoit des peuples, ſoit des particuliers, ne demeurẽt iamais impunies, quelques cruels, quelques impudiques, & quelques execrables que ſoient les Princes. L'Empereur Henry IV. fiſt maſſacrer la plus part de la Nobleſſe de Saxe. Ceſte cruauté le rendit ſi odieux, que tous ſes ſubiects firent vne Ligue, procurerent ſa degradation, & luy liurerent trois batailles. Il priſt vn tel courage en l'aduerſité, qu'en fin il reconquiſt l'Empire, & comme vainqueur, ordonna ce qui luy pleut de la condition des vaincus. Ferrand Roy de Naples, fut vn des plus inſignes Tyrans de la Terre. Denys de Syracuſe, en matiere de tyrannie, n'eſtoit qu'eſcolier à comparaiſon de luy. Les Ordres de ſon Eſtat ne pouuans plus ſouffrir ſes oppreſſions, & ſes cruautez, ſe rebellerent. Il ſembloit au commencement de ceſte reuolte que le Ciel & la Terre fuſſent coniurez à ſa ruine. Toutesfois l'aduantage des armes demeura tellement de ſon coſté, qu'il fiſt languir en priſon l'eſpace de trente-quatre ou trente-cinq ans, iusques au nombre de vingt-quatre Princes & grands Seigneurs du païs, tous lesquels Alfonse son successeur fist assommer si tost qu'il fut Roy. L'impudicité des Souuerains n'autorise point les attentats des subiects. Tout le monde sçait la haine que le peuple Rommain fist paroistre contre les Tarquins, à cause du rauissement de Lucresse. Brutus, homme prodigieusement ambitieux, prist ceste occasion à propos, pour faire chasser Tarquin & son fils, afin d'vsurper l'autorité Royalle soubs vn autre nom que celuy de Roy. Ses menées furent si puissantes par l'adionction de Collatin mary de Lucresse, qu'il vint à bout de son entreprise. Mais quel bien en auint-il, & à luy, & au Peuple qui se rebella ? Collatin eut pris à peine la possession de son Consulat, qu'il fut degradé. Brutus comme premier autheur de la reuolte, fut tué le premier en la bataille que donnerent les Tarquins pour la querelle du Royaume. Le peuple qui auoit consenty à l'expulsion de son Roy, fut trauaillé d'vne guerre continuelle iusques à la mort de Tarquin, & pour vn Roy qu'il auoit en la Monarchie, sentit auecques le temps, qu'il en auoit deux au Consulat. Roderic, Roy d'Espagne, força la fille du Comte Iulien. Le pere indigné de ceste iniure, émeut vne sedition où Roderic fut tué. Le crime fut presque aussi tost vangé que commis; le Comte & les siens perirẽt miserablement en la guerre que luy-mesme auoit allumée. Et parce que les peuples auoient trempé en ceste rebellion, Dieu permist que les Mores qu'ils appellerent à leur secours, s'emparerent du Royaume, & que de leurs Alliez, ils deuinrent leurs Maistres. Galeace Sforce, Duc de Milan, passionnément amoureux de la femme d'vn Gentilhomme de ses subiets, voyant qu'elle ne se vouloit point porter à l'oubly de son deuoir, eut en fin recours au dernier remede des Tyrans, qui est la voye de la violence. A la verité, ceste iniure cousta la vie au Duc; mais les complices de sa mort, leurs femmes, leurs enfans, leurs parents, iusques à la quatriesme lignée, furent tous executez du dernier supplice; leurs maisons furent rasées; les arbres fruictiers déracinez, & les autres couppez à moitié. Vne des plus communes causes des rebelliõs, est quãd les Princes violent leur foy; ostent aux peuples leurs immunitez, & les chargent d'impositions intolerables; mais autant de fois que les subiets se sont mutinez pour quelqu'vne de ces causes, autant de fois ils en ont esté chastiez. Lors que Henry III. Roy d'Angleterre fut sacré, il iura solennellement en la presence des Princes & Barons de son Royaume, la confirmation de tout ce que les Estats d'Oxfort auoient arresté. Il ne creut pas si tost que son autorité estoit assez affermie, qu'il fist le contraire de tout ce qu'il auoit promis en son Sacre. Le Comte de Montfort voyant le mescontentement general des Anglois, se mist incontinent en campagne, & demanda auecques les armes la reformation de l'Estat. L'histoire rend ce tesmoignage de luy, que ce qu'il en fist ne fut que par vne pure affection du bien public. Mais quoyque son intention fust loüable, si est-ce que Dieu tesmoigna qu'il detestoit son procedé; car le Comte fut tué en ceste guerre; ses forces furent deffaictes, & sa posterité reduicte à quitter l'Estat d'Angleterre. Et afin qu'on ne pense pas que la difficulté de trouuer des exemples dans nostre Histoire, me reduise à la necessité d'en rechercher dedans celle des estrangers, i'en allegueray quelques-vns qui seront extraicts de nos Annalles. Ferrand Comte de Flandres, n'ayant peu obtenir de Philippe Auguste la restitution de l'Artois, qu'il auoit pris sur Baudoüin son predecesseur, s'alla engager dans le party du Roy d'Angleterre, alors ennemy capital de ceste Couronne. Il s'y ietta tant de Princes & tant de Noblesse, qu'il sembloit que ce Royaume fust à la veille de sa ruine. La Fortune n'auoit point encore dressé de si puissantes machines pour le renuerser. Toutes les forces de l'Allemagne, de la Flandre, & de l'Angleterre estoient coniurées à la destruction de cet Estat. L'Empereur Othon vint fondre dans la France auec vne armée de cent cinquante mille hommes de pied. Sa Cauallerie estoit à proportion de l'Infanterie. Selon les apparences humaines, la France deuoit perir. Neantmoins, le party le plus iuste fut le plus fort. L'Empereur fut mis en fuitte; Ferrand mené en triomphe dans Paris, auec le Comte de Boulongne, &

l'vn & l'autre condamnez à finir leurs iours en priſon perpetuelle. L'exemple de Guy Comte de Flandre, eſt d'autant plus memorable, qu'il ſemble que l'iniuſtice de Philippe le Bel luy donna ſubiect de prendre les armes. Guy, ayant accordé ſa fille au Prince de Galles, l'amena en France par forme de compliment. Auparauant que de la faire paſſer en Angleterre, il voulut qu'elle priſt congé du Roy qui luy auoit faict cet honneur que de luy donner le nom. Le Roy qui auoit conſenty premierement à ce mariage, s'auiſa depuis pour certaines importantes conſiderations, d'empeſcher qu'il ne s'acheuaſt. Tellement qu'il retint ceſte ieune Princeſſe; & neantmoins pour colorer ſa detention par quelque honneſte pretexte, il ſe plaignit que contre ſa volonté, le Comte de Flandre s'allioit auecques ſes ennemis. D'autrepart, le Comte ſe plaignoit à Dieu & aux hommes, que Philippe auoit violé le droict des Gens en l'iniuſte detẽtion de ſa fille, & priſt les armes, afin de contraindre le Roy à la reparation de ceſte iniure. L'Empereur, le Roy d'Angleterre, les Ducs d'Autriche, & de Brabant, le Comte de Iuilliers & son fils, le Comte de Hollande & de Haynault, le Comte de Neuers, Guillaume, Henry, & Guy de Flandre, le Comte de Namur, & plusieurs autres grands Princes, firent vne Ligue offensiue & deffensiue contre la France. Les armes de Philippe le Bel eurent vn si heureux succez, qu'en peu de temps il dépoüilla le Comte de tous ses Estats. Les Gantois qui auoient esté les plus constãts à son seruice, recongnurent à la fin le victorieux. Guy fait prisonnier de guerre, fut confiné en prison perpetuelle, où il mourut âgé de plus de quatre vingts ans; ses biens confisquez, & la Flandre reünie à la Couronne de France. Combien de temps Monsieur Charles de Frãce ioüit-il des auãtages qu'il se fist promettre l'espée à la main par le Traicté de Conflans? Il n'eut pas si tost pris possession de la Duché de Normandie, qu'il fut forcé de la quitter, & de se retirer en piteux estat deuers le Duc de Bretagne. Depuis ceste perte, il vescut quasi tousiours en telle calamité, que iamais la mort ne vint plus à propos à Prince qu'à cestuy-là; d'autant que lors qu'il mourut, le Duc de Bourgongne qui l'auoit compris en tous les traictez precedents, l'auoit tout à faict abandonné par le dernier. C'est vne chose vrayement merueilleuse que de tous les Princes qui firent la guerre contre le Roy Louis XI. leur Souuerain Seigneur, à peine en resta-t'il vn qui ne fust destruict de sa main. La ruine du Duc de Bourgongne, fut vn ouurage de sa prudence. La maison de ce Duc auoit tellement fleury durant l'espace de six vingts ans, que l'Espagne, l'Angleterre, la France mesme y auoient troué du secours durant leurs afflictions. C'estoit vn des Estats de l'Europe le plus abondant en richesses, en peuples, en belles villes. Apres vne si longue prosperité, ceste grande Seigneurie tomba entre les mains du Duc Charles, enuers lequel le Roy Louis recongnut si mal les bons offices qu'il auoit receuz de sa maison durant vne disgrace de six ans, que le ressentiment de ceste iniure, fut le principal motif des inimitiez mortelles de ces deux Princes. Le Duc fut attaqué par tant de costez, & par vn si grand nombre d'ennemis suscitez par le Roy, que toutes ses forces se consumerẽt en des guerres continuelles.

L'hiſtoire porte, qu'apres la Iournée de Nancy, on euſt peu trouuer à peine vn homme de deffenſe dans tous ſes Eſtats. Ses grandes pertes commencerent deuãt Nus, & continuerent en trois ou quatre batailles iuſques à l'heure de ſa mort. S'il fut ſi facile au Roy de ruiner vn ſi puiſſant Prince, iugez combien il luy fut aiſé de tirer ſa raiſon des autres qui n'eſtoient pas de ceſte condition. Soubs le regne des Rois enſuiuans, qu'ont fait pour eux tous ces malcontẽts qui ſe ſont portez aux rebelliõs? Quelles Prouinces ont-ils cõquiſes auec des armes condamnées du Ciel & de la Terre? Quelle grandeur ont-ils baſtie ſur des fondements de vengeance? Ils n'ont iamais tant donné de mal à leurs Roys, qu'ils en ont eux-meſmes receu. Leurs fortunes s'y ſont détruictes comme ces grandes colõnes qui ſe fracaſſent contre cela meſme ſur quoy elles tombent. Ces Terres éminentes, ces Offices de la Couronne, ces Gouuernemẽts que la plus part des Grands du Royaume ont encore dans leurs maiſons, ſont des effects de l'obeïſſance, & des ſeruices de leurs Predeceſſeurs. Le vray moyen de s'agrandir, est de se rendre aggreable à son Prince ; le moyen de plaire à son Prince, est de s'accommoder à sa volonté. Aussi bien ne gagne-t'on rien de faire autrement. Les François se reuolterent à cause des impositions, soubs les regnes de Philippe Auguste, de Philippe le Bel, de Louis Hutin, de Philippe le Long, de Philippe de Valois, & du Roy Iean, mais ils empirerent tousiours leur condition. Ceux de Montpellier, pour s'estre mutinez soubs le Roy Charles V. à cause d'vn nouuel impost, furent priuez du Consulat, de la maison de ville, des Archiues communes, de l'Vniuersité, du Grenier à sel, & de toutes Iurisdictions. On leur osta iusques à leurs cloches, & choisit-on sur tout le Corps de la ville, le nombre de six cents habitants, qui furent tous pendus, bruslez, ou decapitez ; leurs enfants declarez infames, & tous leurs biens confisquez. La ville de Paris fist deux ou trois seditions soubs le regne de Charles VI. mais qu'en aduint-il aux habitants, que des miseres qu'ils pouuoient éuiter par l'obeïssance ? Apres ceste grande confederation qu'ils firent auec les Gantois, comme gens de pareille humeur, le Roy Charles VI. entra dans Paris auec vne puiſſante armée. Alors les hommes couuerts de pauures haillõs, les fẽmes toutes écheuelées; enfants, vieillards; perſonnes de tout ſexe, de tout aage, de toutes conditions, ſe ietterent à genoux deuant ſa Majeſté. On n'entendoit que des cris; on ne voyoit que des larmes; c'eſtoit proprement l'image d'vne ville ſaccagée; par tout reſonnoit ce mot de *Miſericorde.* Le Roy ſeant ſur ſon lict de Iuſtice au haut des grands degrez du Palais, deuant la ſtatuë de Philippe le Bel, fut comme immobile à ces demonſtrations de douleur. La ſouuenance des indignitez que les Pariſiens auoient faictes au Roy Iean ſon Ayeul durant la calamité de ſa priſon; le reſſentiment des iniures que luy-meſme en auoit receuës, le rendirent long temps impitoyable; toutesfois à la fin il leur pardonna, en conſideration des tres-inſtantes prieres de ſes Oncles, les Ducs de Berry, de Bourgongne, & de Bourbon. Mais auparauant, il fiſt punir à ſa diſcretion trois cents habitans; oſta à la ville l'Eſcheuinage, les chaiſnes, les armes, tous ſes priuileges : Outre cela, les autres complices furent tous condamnez à payer la moitié de leur vaillant. Les villes de Roüen, & d'Orleans tomberent en la mesme faute, & furent plus seuerement punies. Sous le regne de Henry II. celle de Bordeaux éprouua par l'execution de cent cinquante des principaux autheurs d'vn tumulte populaire, combien il est perilleux de se ioüer à son Maistre. Les Flamands n'ont pas esté plus heureux contre leurs Comtes, que les François contre leurs Roys. En l'an 1301. ils firent vne sedition pour des creuës extraordinaires. Le Comte fut à la fin le plus fort, & contraignit ses subiets de démolir les principales forteresses qu'ils auoient basties, & de luy payer vne prodigieuse somme d'argent. En l'an 1379. les Gantois prirent les armes pour mesme subiect, saccagerent la maison de leur Seigneur, & luy firent vne infinité d'outrages & d'indignitez, dont il tira bien tost sa raison. Il fist mourir plus de cinq cents complices de la reuolte, sans plusieurs qu'il ruina par d'autres moyens. Les mutins se remirent en campagne quelque temps apres, & furent deffaicts. Le Comte estant entré dans Ypre, qui auoit suiuy ce mauuais exemple, fist trancher la teste à sept cents habitants. Les factieux remirent encore sur pied de nouuelles forces, qui furent encore mises en roûte. Vne partie des vaincus se retirerent à Niuelle dans vne grosse tour de bois, où furent bruslez vifs, tous ceux qui s'y estoient retirez. Toutes ces victimes n'appaiserent point le courroux du Comte. Il en fist mourir iusques à dix mil; laquelle rigueur effroya tellemẽt tous ses subiects, qu'il se fist vne coniuration generalle contre luy. Le party des rebelles deuint si fort, que le Comte eut besoin de l'assistance du Roy de France. Charles VI. qui l'assista puissamment, prist plusieurs villes à mercy, & fist decapiter tous les Gouuerneurs qui s'en estoient emparez de leur autorité priuée. Le Chef du party fut pendu, & y mourut plus de soixante mille rebelles. Les habitans des places liurerent leurs Gouuerneurs; car c'est la coustume des Peuples de ruiner ceux qu'ils ont fauorisez contre leurs Princes legitimes durãt les émotiõs, & de faire comme la Mer, laquelle estant calme, iette ſur ſes bords les impuretez qu'elle a tirées du fonds lors qu'elle eſtoit trouble. Tellemẽt que les Flamands laſſez de tant de miſeres, conſiderants contre qui & pour qui ils combattoient, recongnurent que leurs afflictions ne procedoient que de leurs reuoltes, que pour vn Maiſtre qu'ils auroient en la paix, ils auoient vne infinité de Tyrans en la guerre, ſe reſolurent de rechercher dans l'obeïſsãce, la ſeureté de leurs vies, & de leurs fortunes. Il n'eſt point de plus grãd ſecret pour viure heureuſement dans les Monarchies, que de vouloir ce que les Rois veulent, & d'endurer patiemment les regnes tels qu'ils ſont, comme nous ſouffrons les iniures de l'air ſans murmurer contre la Nature. Que ſi c'eſt le plaiſir du Prince d'eſleuer quelqu'vn en vn plus haut degré que nous ne deſirerions, il nous faut repreſenter auſſi toſt que le public n'eſt iamais tant incommodé de l'aduancement d'vn Fauory, que de la moindre guerre ciuille; & que ſi ceux qui ſont en faueur n'y eſtoient point, d'autres y ſeroient. Les ames des Princes ſont des niches où l'on void touſiours des ſtatuës.

Et comme l'air n'eſt pas ſi toſt hors d'vn lieu, qu'il y en entre d'autre qui le remplit ; il ſe faict ſemblablement dans les cœurs des Rois, vne ſucceſſion perpetuelle d'affections particulieres. Cela ne leur arriue pas ſeulement ; il aduient à tous les hommes ; & ne leur eſt point plus naturel d'aimer, que de ſe fier à ceux qu'ils aiment. La confiance eſt vn bien de la Nature, par lequel elle a voulu diminuer le ſentiment des miſeres, & accroiſtre le contentemẽt des proſperitez. Les inclinations de l'amour ſont ſi naturelles & ſi communes, qu'il ne ſe trouue point de famille où les ſeruiteurs ſoient égallement aimez de leur Maiſtre. Ce fut pourquoy, quand Nymphidius propoſa au Senat Rommain de changer les confidents de Galba, on trouua que c'eſtoit vne choſe de mauuais exemple, de vouloir contraindre le Prince à la rigueur d'vne condition, qu'on ne voudroit pas exiger d'vn particulier, n'eſtant rien de plus raiſonnable que de laiſſer à vn chacun la liberté de faire choix de ceux dont il ſe veut ſeruir. Ceſte confidence qui eſt naturelle à tout ſexe, eſt particulierement neceſſaire aux Roys. Le gouuernement public est plein de tant de soucis, que les plus grands & plus forts esprits y succomberoient, s'ils ne se deschargeoient d'vne partie de leurs soings sur la vigilance & sur la fidelité de ceux qu'ils aiment. C'est pour cela que de tout temps, & en toutes les Monarchies du monde, il y a eu des hommes plus proches que les autres de la personne des Princes, plus employez dans les affaires, & plus éminents en faueur. Les siecles passez en ont fait des plaintes; le siecle present s'en plaint; la posterité s'en plaindra. Comme il n'y eut iamais regne égallemēt heureux pour vn chacun, aussi n'en a-t'on point veu de generalement loüé. Les effects mesmes de la Nature ne sont iamais vniuersellement bons. Les vents qui sont fauorables aux vaisseaux qui vont au Midy, sont contraires à ceux qui tirent au Nort. Les regnes que nous croyons auoir esté sans iniustice, n'ont point esté sans calomnie. Vne des plus grandes folies des hõmes, est en ce qu'ils croient que leur siecle est plus miserable que les siecles d'auparauant. Quelques petits que soient les maux de nostre âge, ils nous semblent

grands

grands, parce que nous les ſentons; quelques grands qu'ayent eſté ceux des aages precedents, ils nous paroiſſent petits, parce que nous en oyons ſeulement parler. Les montagnes qu'on void de loing ne ſemblent pas ſi hautes que les collines qu'on void de prez. Le long interualle des temps fait à nos eſprits, ce que l'eſloignement fait à noſtre veuë. La diſtance les trompe, & leur fait paroiſtre cõme les plus racourcis les maux les plus eſloignez. Combien le ſiecle d'Auguſte a-t'il trouué de mauuais arbitres de ſa felicité? Combien la faueur de Mecenas & d'Agrippa a-t'elle excité d'enuies, encores que leur merite n'euſt rien de commun? Certes, quand ie me ſouuiens de la tyrannie de tous ces mõſtres, à l'appetit deſquels tant de grands Princes ſe ſont laiſſez gouuerner, i'eſtime que ceux qui n'ont point veu ces temps là, ont dequoy ſe loüer de la Fortune. I'ay honte de reciter que ce grãd Roy de Perſe Darius, auoit mis ſon amour en vn Eunucque. Alexãdre en fut depuis ſi paſſionné, que pour luy plaire, il fiſt mourir vn Prince qui auoit librement parlé du ſcandale de ceſte amitié. Sous l'Empereur

Tibere, le Capitaine des Gardes du corps faisoit toutes les depesches, pouruoyoit aux Gouuernemẽts, & employoit l'autorité de son Maistre à persecuter la Vertu. Il n'y eut hõme de biẽ de ce temps là, qui ne sentist que Sejanus gouuernoit l'Estat. Quelles gẽs estoiẽt en credit prés de l'Empereur Caligula? Ce fut vn Prince que la Nature sembla n'auoir produict que pour monstrer quels maux pouuoient faire les grands vices, quand ils se rencontroient auecques les grandes fortunes. Claudius estoit gourmandé par des affranchis; Neron estoit gouuerné par des ingenieux en matiere d'ordures & de cruautez; Galba par Vinius, & par Laco; l'vn le plus lasche poltron de la terre; l'autre, le plus meschãt homme de son temps. Par tout où il y a eu des Princes, il y a eu des Confidents. L'histoire des Ottomans est toute remplie de tels recits. Il s'en void quantité d'exemples dedans celle d'Angleterre. Iamais Princes n'ont plus agrandy leurs seruiteurs que les Roys d'Espagne, particulieremẽt l'Empereur Charles Quint, Philippe II. & Philippe III. dernier mort. Et ce qui est à remarquer, est que la domination d'Eſpagne n'a eſté ny ſi douce, ny ſi ample que ſoubs leurs regnes. En veux-tu ſçauoir la cauſe? C'eſt l'obeïſſance. S'il t'ennuye en ce Royaume, va chez nos voiſins; tu y trouueras des faueurs qui te deſplairont. La condition de l'homme eſt miſerable par tout. De quelque coſté qu'il ſe tourne, il ſe tourne ſur des playes. L'ordre des Ieſuites te faſche en France; le pouuoir des Iacobins te faſchera encore plus en Eſpagne. Ce n'eſt rien de nouueau devoir accuſer les regnes preſents. Pour ne prendre point noſtre hiſtoire de plus haut, Charles VII. à la vertu duquel la France doibt ſa reſtauration, fut blaſmé de donner trop de pouuoir à ſes confidents. On fiſt la meſme plainte de Louis XI. qu'on ſçait auoir eſté vn grãd Prince. Charles VIII. Louis XII. & François ſon ſucceſſeur, ne furent point exempts de ceſte accuſation. Henry II. aima tellement Monſieur le Conneſtable de Montmorency, que pour empeſcher que leurs cœurs qui auoient eſté ſi eſtroitement vnis durant la vie, ne fuſſent ſeparez par la mort, il ordonna qu'on les mettroit en meſme tombeau. François II. regna si peu, qu'on auroit plus de raison de douter qui auroit esté son fauory, que de croire qu'il n'en eust point eu. Charles IX. eut vne entiere confiance à feu Monsieur le Duc de Retz. Henry III. changea plusieurs fois d'affectiõ, mais il demeura constant iusques à la mort, en celle qu'il eut pour Monsieur le Duc de Bellegarde. Quant au feu Roy, tout le monde sçait qu'il donna vne telle autorité dans ses affaires à Monsieur le Duc de Suilly, qu'il sembloit n'ouïr que par ses oreilles, & ne voir que par ses yeux. Le mot de Fauory n'est pas de tout tẽps en vsage, mais ce qu'il signifie a tousiours esté. La plus part de nos Roys de la premiere race, faisoient sçauoir leurs intentions à leurs sujects par leurs Ministres, comme par les vrais Oracles de leur volonté. Il faut que les peuples reçoiuent auec reuerence, les commandements des Souuerains, par quelque bouche qu'ils leur soient donnez. Les secrettes intentions des Roys, sont des Sanctuaires dont il n'est pas permis à chacun de s'approcher. *Quoy?* dist vn Empereur Rommain à ses soldats, apres qu'il se fut passé quelque tumulte en son armée, *quand nous allons à la guerre, la condition des affaires, & les occurences soudaines, permettent-elles que les aduis qu'on reçoit soient communiquez en pleine assemblée? & que les Conseils qui doiuent estre secrets soient traictez publiquement? Il y a des choses que les soldats peuuent sçauoir; Il y en a d'autres qu'ils ne doiuent iamais cognoistre. L'autorité des Chefs est telle; la rigueur de la discipline militaire porte, qu'il y a beaucoup de commandements qui ne se donnent que par les Capitaines & par les Maistres de Camp. S'il est permis aux soldats d'entrer en cognoissance de cause, il ne faut plus parler d'obeïr ny de commander.* Ce que le Prince disoit à ses soldats, se peut appliquer aux subiects. Les Payẽs feignoient que Pitarchie, c'est à dire l'obeïssance & l'autorité, estoit mere de Beatitude; pour monstrer, qu'il faut que les peuples soient obeïssants, pour qu'ils soiẽt heureux. La Monarchie est vn grand vaisseau, où sont enfermées nos vies, nos fortunes, nos familles; il ne peut faire naufrage, que nous ne nous perdions aussi. Tous les Ordres du Royaume sont interessez à la conseruation de l'autorité Royalle. Les Ecclesiastiques ne treuuent point de pieté dans les armes; la licence y viole égallement les droicts diuins & humains. Ils ne peuuent iouyr pleinement de leur temporel que dans la paix. La Noblesse qui semble auoir quelque esperance de s'aggrandir dans les troubles, n'y trouue rien d'asseuré que sa ruine, les perils, les afflictions. Le Tiers Estat alors trauaillé comme d'vne espece de paralysie, ne se peut plus exercer à l'agriculture, au cõmerce, aux manufactures. Les guerres ciuiles ne ressemblent pas à ces maladies aiguës, qui ne font douleur qu'en vne partie; ce sont des defluxions qui tombent sur tout le corps, & causent à chaque membre son supplice particulier. Mais s'il y a quelque Ordre qui semble aucunement plus obligé à desirer que les Roys soient parfaictement obeïs, c'est celuy de la Iustice. Là où les armes dominent, les Magistrats y sont tousiours mesprisez. Il n'est rien de si ridicule, que d'alleguer le respect des loix à ceux qui sont en estat de les opprimer. Comme les membres du corps humain se debilitent, lors que la partie d'où les nerfs deriuent est offenſée; Il y a de meſme vne telle correſpondance entre le corps politique, & les puiſſances inferieures, qu'elles n'ont plus de function, lors qu'il n'a plus de vigueur. L'autorité Royalle eſt l'origine de tous les Magiſtrats; ſi toſt que la ſource eſt tarie, il faut que les ruiſſeaux aſſechent. La puiſſance de nos derniers Roys n'a iamais eſté bleſſée, que le Parlement de Paris n'en ait auſſi toſt receu le contre-coup. Les Magiſtrats de ceſte grande & celebre Compagnie, n'ont peu maintenir dans les troubles le reſpect qui leur eſtoit deu; ny trouuer de ſeureté dans les ſeditiõs populaires. Entre les prodigieux exemples de ceſte confuſion, eſt celuy qu'on a veu depuis quarante ans en la ville capitale de ce Royaume. Vn ſimple Tribun de la populace, mena tous les Iuges du Parlement priſonniers à la Baſtille. Les vns n'eurent autre mal que la crainte; les autres y laiſſerent la vie; & les vertus éminentes que la fureur des Barbares euſt reſpectées, receurent les peines dont les loix ont accouſtumé de punir les crimes extraordinaires. Toutesfois ceſte violence ne fut point comparable aux cruautez de ceste Iournée tragicque, où la Populace immola comme des victimes les Compagnies Souueraines de Paris. La rage ne pardonna, ny à l'aage, ny au sexe, ny aux dignitez. On y massacra cinq Euesques, & les femmes que les factieux ne pouuoiét conuaincre de s'estre opposées à leur frenesie, furent punies pour leurs larmes. Il n'est point possible que le Magistrat trouue grace parmy les Peuples où le nom de Roy ne trouue point de respect. Puisque donc la Monarchie est la plus digne, la plus naturelle, la plus iuste, & la plus cõmode forme de gouuernemét; puis que l'obeissance n'est point sans fruict, ny la reuolte sans punition; bref puisque Dieu a mis toutes les commoditez de la vie, du costé mesme dont il a mis le deuoir, prenõs vne ferme resolution de mourir plustost que de nous en departir, & que de manquer à nous-mesmes, & au public, en manquant à ce que nous deuons à nos Roys.

FIN.

www.ingramcontent.com/pod-product-compliance
Lightning Source LLC
LaVergne TN
LVHW021708230826
846092LV00002BA/555

* 9 7 8 2 0 1 6 1 8 2 6 1 1 *